북한산과 북한산성

Mt. Bukhansan and Bukhansan Castle

북한산과 북한산성

Mt.
BUKHANSAN
AND
BUKHANSAN
CASTLE

국립공원관리공단
KOREA NATIONAL PARK SERVICE
청계천문화관
Cheong Gye Cheon Museum

북한산과 북한산성

Mt. Bukhansan and Bukhansan Castle

인 사 말

북한산은 백두산에서 북한산에 이르는 한북정맥의 마지막 산으로 서울은 바로 이 북한산의 남쪽 기슭에 자리하고 있습니다. 전체 면적은 약 79.916㎢이며 서울특별시와 경기도에 걸쳐 있는 넓고 큰 산입니다. 세 봉우리인 백운대(836.5m), 인수봉(810.5m), 만경대(787.0m)가 큰 삼각형으로 놓여 있어 삼각산(三角山)으로도 불립니다. 북한산은 1983년 국립공원으로 지정된 아름다운 산으로 서울 사람들이 가장 많이 찾는 명산입니다.

북한산에는 사적 제162호이며 전체 면적이 543,795㎡에 달하는 북한산성이 줄기를 따라 자리잡고 있습니다. 북한산성은 그 역사가 삼국시대까지 올라갑니다. 백제가 수도를 하남 위례성으로 정했을 때 도성을 지키던 북방의 성이 바로 북한산성이었습니다. 조선시대에는 임진왜란과 병자호란 이후 방어를 위해 도성 외곽을 고쳐지어야 한다는 의견이 제기되어 숙종 37년(1711) 왕명으로 토성을 석성으로 고쳐짓게 되었습니다. 현재의 북한산성에는 삼국시대의 토성이 일부 남아있기는 하지만 숙종때 고쳐 지어진 석성이 주로 남아 있습니다.

국립공원관리공단과 청계천문화관에서는 북한산의 절경과 북한산성의 역사성을 조명하기 위한 특별전을 마련하였습니다. 북한산은 고구려, 백제, 신라가 서로 차지하기 위해 쟁탈전을 벌일 정도로 지정학적으로 중요한 위치에 있던 곳이며, 조선시대에는 한양을 외곽에서 감싸 안고 도성을 지켜주는 아버지같은 산이었습니다.

일반적으로 흔히 접할 수 없는 북한산의 주옥같은 사진들을 제공해 주신 국립공원관리공단 관계자 여러분께 감사의 말씀을 드립니다. 그리고 전시 실무를 맡아 동분서주한 청계천문화관 강성희 학예연구사를 비롯한 동료 직원들께도 고맙다는 말씀을 드립니다.

2010년 11월 25일

청계천문화관장 김 영 관

주최
국립공원관리공단
청계천문화관

전시총괄
김영관(청계천문화관장)
전시감수
국립공원관리공단

전시기획
강성희(청계천문화관 학예연구사)
서정원, 박종철(국립공원관리공단)
전시진행
청계천문화관 학예연구사
허대영
서주영
오지영
국립공원관리공단
서정원
전시보조
청계천문화관 연구원
윤혜영
홍경화
박정미
정수미
사진제공
국립공원관리공단

행정지원
청계천문화관
공영환
나민숙
정진화
서울역사박물관 경영기획과
정진숙
김현정

전시장소
동대문역사문화공원
Dongdaemun History & Culture Park

전시그래픽
씨티파트너

전시시공
영우금속

도록편집·디자인
에픽

제작·인쇄
우진비엔피

일러두기

1 이 도록은 청계천문화관과 국립공원관리공단이 2010년 11월 25일부터 2010년 12월 26일까지 공동주최한 "북한산과 북한산성" 특별전의 전시도록이다.
2 전시된 사진은 모두 국립공원관리공단이 제공한 것이다.
3 도판설명은 명칭/작가명/촬영연대 순으로 기재하였다.

목 차

01

성을 쌓아 서울을 지키다 - 북한산성

북한산성과 서울

황보연 2009

보국문 - 대동문 사이의 북한산성

강성민 2010

박헌광 2006

북한산성 성벽

박종철 2008

북한산성 성벽

박종철 2008

보국문 - 대동문 사이의 북한산성

강성민 2010

02

역사를 담다 - 북한산의 유적

북한산 산영루

박종철 2008

잃어버린 역사, 무너진 궁궐 - 행궁지

강성민 2010

도선사의 밤

선향숙 1993

대남문과 백운대의 단풍

황보연 2009

보현봉에서 본 백운대 최병헌 1993

문이 열리다 - 대동문 강성민 2010

대성문

강성민 2008

조화 - 대서문

강성민 2010

총안에 든 가을 햇살 - 대서문

강성민 2010

늦가을 고개 위 중성문

강성민 2010

中城門

가는 가을처럼 문을 지나다 - 중성문

강성민 2010

밖의 자연으로 나를 바라보다 - 중성문 강성민 2010

역사의 날개짓 - 중성문　　　　강성민　2010

구파발에서 정릉을 넘어가는 문 - 보국문

강성민 2010

03

자연을 담다 - 북한산의 풍경

족두리봉

조형래 2009

북한산

이재복 2000

우이암 등정

이전근 1998

만경대

정창수 1996

오봉 김남순 1994

신선대 이삼용 1994

도봉산의 신록

김관현 1998

다락능선

장지성 2009

우이남능선

장지성 2009

구기동 삼단폭포

황보연 2009

선인봉의 자태

안종태 2000

주봉에서 본 봉우리 채을표 2000

오리바위　　장영재　2004

기둥바위 이삼용 1994

두꺼비바위 등정훈련 유승원 1993

북한산

박종철 2008

북한산

박종철 2008

우이령

오영상 2008

04

시간을 담다 - 북한산의 사계

서울의 봄

유태영 2006

문수봉의 여름

황보연 2009

인수봉의 가을

조명석 1994

북한산의 가을

김장상 2008

만장봉의 위용

김원진 1998

만장봉 앞산

이종희 1993

신선대 후미에서 바라본 추경 장지성 2009

포대정상의 추경

장지성 2009

겨울숲

박찬수 2009

설경

김갑춘 1993

겨울 북한산

서현 2006

눈내린 정릉계곡 윤지호 2009

인수봉 설경 오원석 2009

05

아침을 기다리다 - 북한산의 여명

여명이 아름답던 날

김용문 2008

북한산 해맞이

조평훈 2004

06

구름바다를 이루다 - 북한산의 운해

안개 낀 백운대

손영임　2009

인수봉 운해

이만해 1994

북한산 운해

조평훈 2004

07

북한산과 함께하다

집념

김동진 1998

공릉천에 비친 북한산 정창수 1994

북한 산과 북한 산성

발행일 2010년 11월 25일

발행
청계천문화관
서울특별시 성동구 청계천로 530
Tel 02 2286 3410 Fax 02 2286 3414
www.cgcm.go.kr

제작 · 인쇄
우진비엔피
경기도 고양시 일산동구 장항동 533-36
Tel 031 906 8936 Fax 031 906 8938

정부간행물발간등록번호 51-6110569-000094-01